Así es mi mundo

TUS CINCO SENTIDOS

por Ray Broekel

Traductor: Roberto Franco
Consultante: Dr. Orlando Martinez-Miller

Este libro fue preparado bajo la dirección de
William H. Wehrmacher, M.D., FACC, FACP,
Profesor Clínico de Medicina y
Profesor Adjunto de Fisiología,
Escuela de Medicina de la Universidad de
Loyola, Chicago, Illinois,
con la ayuda de su nieta, Cheryl Sabey

CHILDRENS PRESS®
CHICAGO

FOTOGRAFIAS

Tony Freeman—2, 4 (abajo, a la izquierda), 6, 7 (4 fotos), 10, 16 (2 fotos), 21, 25 (2 fotos arriba), 26 (izquierda), 27 (izquierda), 28 (arriba, a la izquierda), 30 (arriba y abajo, a la izquierda), 34 (derecha), 40 (derecha), 45 (abajo)

Jerry Hennen—4 (arriba)

Tom Ballard—4 (centro y abajo, a la derecha), 8, 14 (2 fotos), 25 (abajo, a la izquierda), 27 (derecha), 45 (arriba, a la izquierda)

Nawrocki Stock Photo—© Jim Whitmer, 32, 42; © Larry Brooks, 26 (derecha); © Ken Sexton, portada

Hillstrom Stock Photos—© David R. Frazier, 37 (derecha); © Richard J. Thorne, 45 (arriba, a la izquierda)

Lynn Stone—28 (abajo), 30 (abajo, a la derecha), 45 (arriba, a la derecha)

Reinhard Brucker—11, 17, 24, 37 (izquierda), 40 (izquierda), 43 (2 fotos)

Joseph A. DiChello—28 (arriba, a la derecha), 34 (izquierda), 36, 38

Denoyer-Geppert Co.—23

Phillis Adler—13, 19

En un estanque de patos se pueden ver y oír muchas cosas.

Library of Congress Cataloging-in-Publication Data

Broekel, Ray.
  Tus cinco sentidos.

  (Asi es mi mundo)
  Traducción de: Your five senses.
  Incluye un índice.
  Resumen: Comentario sobre la importancia de los cinco sentidos y una examinación de la estructura y del funcionamiento de los órganos sensorios.
   1. Sentidos y sensación—Literatura juvenil.
[1. Sentidos y sensación   2.   Organos sensorios]
I.   Título.
QP434.B76   1984   612'.8   84-7603
                                          AACR2
ISBN 0-516-31932-9   Library Bound
ISBN 0-516-51932-8   Paperbound

CONTENIDO

Todos los animales tienen uno o más sentidos.

LOS SENTIDOS DE LOS ANIMALES

Los animales tienen uno o más sentidos: la vista, el oído, el tacto, el olfato y el gusto. Los seres humanos, y algunos animales, poseen los cinco sentidos. Otros animales tienen menos de cinco. Sin embargo, todos los animales poseen uno de los sentidos— el sentido del tacto.

Algunos animales pueden tener uno de los sentidos más

desarrollado que los seres humanos. Los perros, por ejemplo, tienen un excelente sentido del olfato.

Sólo en los seres humanos los cinco sentidos están bien desarrollados. Aunque los cinco sentidos son importantes, una persona puede aprender a vivir sin uno o más de ellos.

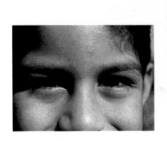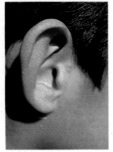

LOS ORGANOS DE LOS SENTIDOS

Distintas partes del cuerpo reciben el nombre de órganos de los sentidos. Tus ojos y tus oídos te permiten ver y oír. Tu piel es un órgano que responde al sentido del tacto. Tu nariz y tu lengua te permiten oler y gustar.

LA VISTA Y LA LUZ

¿Por qué puedes ver un
gato? ¿O un árbol? Porque
hay luz. La luz se refleja,
es decir, rebota de las cosas.
Esa luz llega hasta tus ojos.
Sin luz no podríamos ver.

¿Por qué puedes ver la
luna? La luz del sol se
refleja en la luna. Esa misma
luz llega hasta tus ojos.
Entonces puedes ver la luna.

Imagínate que estás en
un cuarto sin puertas ni
ventanas. El interior del
cuarto es tan negro como el
cuadro de abajo. ¿Por qué no
puedes ver el perro que está
en el cuarto? ¿O la pelota

que tiene el perro en la
boca? Porque no hay luz.
Sin luz no puedes ver nada.

Ahora, fíjate en la foto de
arriba. ¿Por qué puedes ver
el perro? ¿Por qué puedes
ver la pelota que lleva en
la boca? Porque hay luz.

La luz entra por la pupila del ojo. Pasa por la lente hasta la parte de atrás del ojo. Allí está la retina. La retina es una capa de millones de pequeñísimas células nerviosas. Esas células son sensitivas a la luz.

Supón que estás mirando una manzana. La lente de tus ojos enfoca la luz reflejada

de la manzana sobre la
retina. Allí se forma la
imagen de la manzana. El
nervio óptico transporta
entonces la imagen de la
manzana hasta el cerebro.
Tú "ves" la manzana en
tu cerebro.

El ojo es como una
cámara fotográfica. Siempre
toma las fotos al revés.
Realmente tu ves las cosas
siempre al revés.

La lente forma la imagen

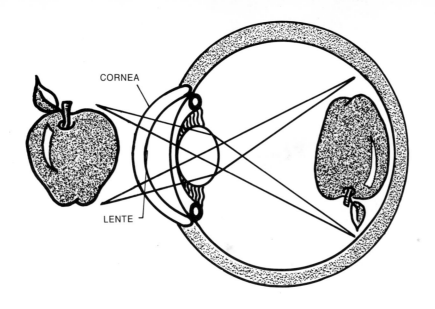

CORNEA

LENTE

invertida en la retina.

La imagen invertida viaja al cerebro por el nervio óptico.

Tu cerebro, sin embargo, sabe invertir otra vez las imágenes para que las captes como son. Empezó a hacer esto cuando tú eras un bebé.

Las imágenes que se forman en la retina están
al revés, e invertidas de izquierda a derecha.

Bueno, gracias a tu cerebro
y sentido de la vista, los
muchachos no están saltando la
cuerda con la cabeza para abajo.

EL OIDO Y EL SONIDO

¿Por qué oyes la música?
¿Y el teléfono? Debido al
sonido.

El sonido se produce cuando
algo vibra. Vibrar significa
moverse rápido, muy rápido.
Una cosa puede vibrar hacia
adelante y hacia atrás, para
arriba y para abajo, o para
los lados.

Cuando algo vibra, el aire
que lo rodea también empieza

La niña (izquierda) escucha el sonido que la regla hace al vibrar. El teléfono transmite el sonido a través de los alambres (arriba).

a vibrar. Las vibraciones del aire viajan en forma de ondas. Las ondas llegan a tus oídos, y tú oyes el sonido que las produjo.

El oído consta de tres partes principales. Estas son el oído externo, el oído

medio y el oído interno.
El oído externo es la parte
que se puede ver.

Supón que un perro ladra.
¿Cómo oyes tú el sonido de
sus ladridos?

El sonido entra en el oído
externo y viaja por un canal

llamado canal auditivo. Al
final de este canal se
encuentra el tímpano.

El tímpano es una tela de
piel muy delgada que se llama
membrana. Está bien estirada,
como un tamborcito. Cuando
el sonido (las vibraciones
del aire) llega al tímpano,
éste empieza a vibrar.

En el oído medio hay tres
pequeños huesitos.

La vibración del tímpano
mueve el primer huesito,
llamado martillo. Este hace
que el segundo huesito,

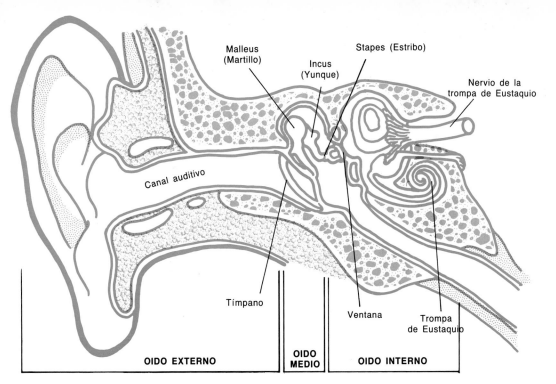

Malleus
(Martillo)

Incus
(Yunque)

Stapes (Estribo)

Nervio de la
trompa de Eustaquio

Canal auditivo

Tímpano

Ventana

Trompa
de Eustaquio

OIDO EXTERNO

OIDO MEDIO

OIDO INTERNO

llamado yunque, empiece a
vibrar. Después, la vibración
viaja hasta el último huesito,
el estribo. Cuando el estribo
vibra, toca una membrana del
oído medio llamada ventana.
La ventana comienza a vibrar
y transmite el sonido al
oído interno.

19

La parte principal del oído interno es la trompa de Eustaquio. Esta contiene un líquido. Cuando la ventana del oído medio vibra, hace que se mueva el líquido. Las vibraciones pasan a través de una membrana hasta las células del oído, que parecen pelitos.

El sonido viaja desde esas células al nervio auditivo.

El nervio auditivo transmite
el sonido al cerebro. ¡Así
es como oyes ladrar al perro!

EL SENTIDO DEL TACTO

Estás en un cuarto oscuro y te tropiezas con algo duro. Lo buscas con la mano, y lo tocas. Pronto descubres con qué te tropezaste. Te dices:
—Me acabo de tropezar con una silla.

¿Cuál de los sentidos te ayudó a determinar eso? El sentido del tacto.

Toda tu piel es un órgano del sentido del tacto. La piel contiene miles de pequeños nervios. Esos

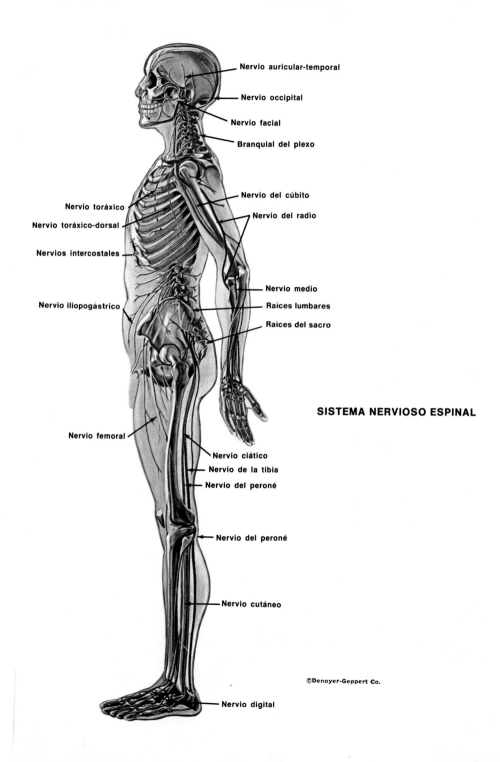

Nervio auricular-temporal

Nervio occipital

Nervio facial

Branquial del plexo

Nervio del cúbito

Nervio del radio

Nervio toráxico

Nervio toráxico-dorsal

Nervios intercostales

Nervio iliopogástrico

Nervio medio

Raices lumbares

Raices del sacro

SISTEMA NERVIOSO ESPINAL

Nervio femoral

Nervio ciático

Nervio de la tibia

Nervio del peroné

Nervio del peroné

Nervio cutáneo

©Denoyer-Geppert Co.

Nervio digital

nervios forman pequeños grupos de órganos del sentido del tacto, y éstos le envían mensajes al cerebro.

Algunos nervios responden a la presión. Tú sentiste presión cuando te tropezaste con la silla. La palpaste para encontrar lo que era.

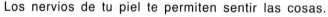

Los nervios de tu piel te permiten sentir las cosas.

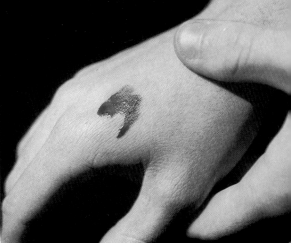

Tus nervios le envían mensajes a tu cerebro. El cerebro te dice si algo está frio, caliente o doloroso. Tu cuerpo reacciona a esas sensaciones.

Otros nervios pequeñitos son órganos que responden al dolor. Otros responden al frío, y aun otros, al calor.

25

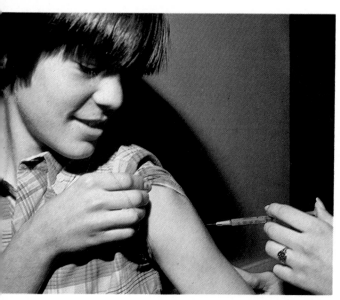

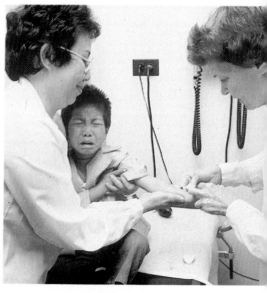

Las inyecciones no son dolorosas
cuando tú sabes que vas a sentir
sólo un piquetito al entrar la aguja en
tu piel. Los niñitos lloran a menudo,
no por el dolor sino por el miedo.

Una enfermera te pone una
inyección y sientes cuando la
aguja perfora tu piel. ¿Por
qué? Porque los pequeños
nervios del sentido del tacto
responden y envían mensajes a
tu cerebro y sientes la aguja

En la playa, corres sobre
la arena caliente. Sientes
el calor cuando tus pies
la tocan.

Sacas una lata de refresco
que ha estado en el hielo.
La sientes helada, cuando

Los diminutos nervios del sentido del tacto de tu piel son
más abundantes en las yemas de los dedos que en los hombros.

Los diminutos órganos nerviosos del sentido del tacto se encuentran por toda tu piel, desde la cabeza hasta los dedos de los pies. En algunas partes son más agrupados que en otras.

Por ejemplo, están más agrupados en las yemas de tus dedos que en tus brazos. Pero ya sea que estén muy agrupados o bien separados, todos le dicen a tu cerebro si algo está caliente, tibio, frío o helado; si es duro, blando, suave, áspero, o puntiagudo.

EL SENTIDO
DEL OLFATO

¡Qué bien huelen las galletas con pedacitos de chocolate recién horneaditas! ¿Y qué me dices del olor que flota en el aire después de la lluvia, en la primavera? ¡Fabuloso! ¿Y el olor de un ramo de rosas? Agradable, ¿verdad?

En cambio, ¿qué te parece el olor de un pescado que no es fresco? ¡Fuchi! ¿Y el

olor que sale del bote de la
basura? No es muy agradable.
¿O el olor que despide un
zorrillo enojado? ¡Horrible!

Las cosas que tienen olor
despiden sustancias químicas,
ya sea en forma de gases o
de pequeñas gotas de líquido.
Algunas cosas despiden olores
cuando las aplastamos, las

rompemos o las calentamos. Los olores viajan por el aire. Cuando llegan a tu nariz, empieza un proceso interesante.

La membrana del interior de tu nariz contiene muchos terminales de nervios. Hay muchísimos. Son muy sensitivos a los olores. Y todos están conectados a los nervios olfatorios. Estos le llevan los mensajes de los olores a tu cerebro.

Esos mensajes de olores llegan a una parte de tu

cerebro que identifica los diversos tipos de olores. El cerebro te dice qué es lo que estás oliendo. Si es desagradable, te hará fruncir el entrecejo. Pero si el olor es agradable, pondrá una sonrisa en tus labios.

34

EL SENTIDO DEL GUSTO

Mírate en un espejo. Saca
bien la lengua. Mírala bien.
¿ Ves todas esas protuberancias
que tiene? Cada una es el
terminal de un nervio. Y
cada terminal tiene la forma
de una tacita. Se llaman
papilas. Las papilas de
la lengua te dicen los
diferentes sabores de las
cosas que comes.

Las papilas responden a
las cosas que son dulces,
saladas, agrias o amargas.
Todas las cosas que pruebas
contienen uno o más de esos
cuatro sabores.

Las cosas dulces y saladas
son identificadas cerca de la

punta de la lengua. ¿Por qué? Porque la mayoría de las papilas que responden a lo dulce y a lo salado se hayan allí. Las cosas agrias se identifican en los lados de la lengua. Y la mayoría de las papilas que responden a lo amargo están atrás.

Para poder probar las cosas, tenemos que disolverlas. Por ejemplo, el sabor dulce del azúcar se capta cuando lo disolvemos en las papilas.

En una competencia de comer pasteles, comes con tanta rapidez que no tienes tiempo de probar el sabor del pastel.

El azúcar se mezcla con la saliva. La saliva es el líquido que se forma en la boca. Hace que se disuelva el azúcar. Sólo así podemos percibir su sabor dulce.

Hay algunas cosas que se tienen que oler para poderlas gustar. Los dos sentidos cooperan para identificarlas.

Imagínate que tienes catarro. Tienes la nariz tan congestionada que no puedes oler. Muerdes algo sin ver qué es. ¿Puedes decir que

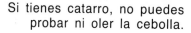
Si tienes catarro, no puedes
probar ni oler la cebolla.

lo que estás probando es
una cebolla? No, porque tu
sentido del olfato no
funciona bien. Por eso, no
puedes identificar la cebolla.

Cuando eras bebito no
podías identificar las

cosas por su sabor. Al ir creciendo, sin embargo, te fuiste acostumbrando a los sabores de muchas cosas y aprendiste a identificarlas.

El sabor de las cosas que están muy frías o muy calientes no se puede distinguir bien. Las papilas funcionan mejor cuando las cosas están a la temperatura del ambiente.

Las papilas también pueden identificar mejor las comidas cuando las probamos una por una. Así es más fácil

identificar un pedazo de
manzana o una rebanada de
naranja.

Pero es difícil identificar
cada una de las cosas que
se han mezclado con otras,
como en un plato de sopa
de legumbres.

Las papilas funcionan mejor cuando las cosas que probamos están a la temperatura del ambiente—ni muy calientes ni muy frías.

USA TUS CINCO SENTIDOS

Usa bien los sentidos de la vista, el oído, el tacto, el olfato y el gusto. Pero usa también otro sentido cuando utilices tus cinco sentidos.

Se trata del sentido común. El sentido común tiene que ver con la manera en que piensas y actúas. Cuando piensas y obras inteligentemente, estás usando tu sentido común.

Podrás usar bien tu sentido
común si pones atención a
lo que ves, oyes, tocas,
hueles y gustas.

PALABRAS QUE DEBES SABER

canal auditivo — conducto del oído externo, por donde el sonido pasa para llegar al tímpano

célula del tejido nervioso — la unidad básica de un nervio

cerebro — central del sistema nervioso, situado en el cráneo de los seres humanos y de los animales

disolver — convertir en líquido

estribo — uno de los huesitos del oído medio

gusto — identificación del sabor de alguna cosa al ponerla dentro de la boca

imagen — figura

lente — parte transparente del ojo, que sirve para enfocar la imagen en la retina

martillo — uno de los huesitos del oído medio

membrana — una capa delgada de tejido que cubre o forra ciertos órganos

nervio — cualquiera de las fibras o haces de fibras que llevan impulsos al cerebro, por el sistema nervioso vertebral, desde todas las partes del cuerpo

nervio auditivo — nervio relacionado con el sentido del oído

nervio óptico — nervio relacionado con el sentido de la vista

nervios olfatorios — nervios relacionados con el sentido del olfato

oído — sentido que nos permite captar sonidos

olfato — el sentido que nos permite oler las cosas

onda — impulso o alternación de cualquier energía, como la luz o el sonido

órgano de los sentidos — parte del cuerpo como la nariz la lengua, la piel, los ojos y los oídos, que responden a uno de los cinco sentidos

palpar — tocar con los dedos

reflejar — lanzar de regreso, rebotar

retina — capa de células de la parte posterior del ojo, sensitiva a la luz

saliva — líquido que se produce en la boca

sentido — una de la capacidades físicas o mentales, por medio de la cual percibimos el mundo exterior, como la vista, el oído, el tacto, el olfato y el gusto

sonido — cualquier cosa que se puede oír

substancia quimíca — substancia producida o empleada en un proceso químico

tacto — sensación de tocar algo

tímpano — membrana delgada que se encuentra dentro del oído; transmite las ondas sonoras al oído interno

trompa de Eustaquio — un pequeño órgano hueco del oído interno

ventana — membrana del oído interno

vibrar — moverse rápidamente de adelante a atrás, de arriba para abajo, o de lado a lado

vista — el acto de ver

yunque — huesito del oído medio

INDICE

Sobre el autor

*Ray Broekel es un escritor profesional e independiente que vive
con su esposa Peg, y un perro, Fergus, en Ipswich, Massachusetts.
Ha tenido veinte años de experiencia como editor de libros para
niños y supervisor en un periódico, y ha enseñado muchas
materias tanto en kinder como a niveles universitarios. El Dr. Broekel
ha publicado más de 1,000 cuentos y artículos y más de 100 libros.
Su primer libro fue publicado en 1956 por Children Press.*